성장과 행복을 이끄는 동기부여 인문학

백한 번의 생각 여행

성장과 행복을 이끄는 동기부여 인문학

백한 번의 생각 여행

초판 1쇄 발행일 2020년 9월 15일
초판 2쇄 발행일 2021년 2월 5일

지은이 허대중
그린이 정은지
펴낸이 양옥매
디자인 임흥순 임진형
교 정 조준경

펴낸곳 도서출판 책과나무
출판등록 제2012-000376
주소 서울특별시 마포구 방울내로 79 이노빌딩 302호
대표전화 02.372.1537 **팩스** 02.372.1538
이메일 booknamu2007@naver.com
홈페이지 www.booknamu.com
ISBN 979-11-5776-938-4 (03190)

이 도서의 국립중앙도서관 출판시도서목록(CIP)은 서지정보유통지원 시스템
홈페이지(http://seoji.nl.go.kr)와 국가자료공동목록시스템
(http://www.nl.go.kr/kolisnet)에서 이용하실 수 있습니다.
(CIP제어번호 : CIP2020037115)

백한 번의 생각 여행

허대중 지음

책과나무

〈이 책을 읽는 세 가지 방법〉

하나, 하루 중 짧더라도 깊은 사색의 시간을 갖는다.

둘, 읽고 깊이 생각한 것을 책에 정성스럽게 적는다.

셋, 읽고 생각하고 적은 것을 자신의 삶에 적용한다.

인성과 희망,
그리고 행복과 섬김의 길로
안내하는 나침반!

    사람들은 고민한다. 잘 살아가기 위해서, 잘 살아 내기 위해서 어떻게 해야 잘 사는 삶인지, 또 어떻게 살아야 인정받는 삶인지…. 그 사람의 나이가 많든 적든, 그 사람의 현실이 좋든 나쁘든 끊임없는 고민과 염려 속에 살아간다.

    고민과 염려를 통해 자신이 해야 할 일을 적극적으로 찾아내는 사람들도 있다. 하지만 고민과 염려 속에 지배되어 늘 그렇게 살아가는 사람들이 훨씬 더 많다. 그 두 부류의 중요한 차이점 중의 한 가지는 창조성에 있다. 고민과 염려를 창조적으로 하는 사람은 성장의 길을 걷게 되고, 습관적으로 하는 사람은 머무르거나 퇴보한다.

자신이 가야 할 인생의 알은 스스로 깨고 나와야 한다. 자기 스스로 인생의 알을 깨는 습관을 길러야 한다. 누군가의 도움을 받을 수는 있으나 오래갈 수 없다. 누군가가 언제까지 언덕이 되어 줄 수도 없고, 누군가에게 언제까지 기대어 살 수도 없다. 필자는 각자 인생의 알을 스스로 깨고 나올 수 있도록 도와주고 싶었다. 어린이·청소년·청년뿐만 아니라 성인들이 인생의 알을 스스로 깰 수 있도록 돕기 위해 이 책을 집필하였다.

『백한 번의 생각 여행』은 원초적인 고민과 염려를 해결하기 위한 책이다. 세상을 살아가면서 많은 사람들이 고민하는 네 가지 핵심 키워드를 발견하고 그 키워드를 중심으로 책을 구성하였다.

네 가지 키워드를 찾기는 그다지 어렵지 않았다. 20여 년 동안 강연과 상담을 통해 아주 많이 경험했던 공통분모의 단어들이기 때문이다. 남녀노소 가릴 것 없이 대부분은 공통된 고민과 염려를 하고 있었다. 네 가지 키워드는 바로 〈인성〉과 〈희망〉 그리고 〈행복〉과 〈섬김〉이다.

첫 번째는 '인성'이다. 인성은 여러 의미를 포함하기도 하고, 다양하게 표현되기도 한다. 예절의 의미로 표현되기도 하고, 때로는 이미지 메이킹(특히 내적 이미지 부분에서)의 일부가 되기도 한다. 또한 인사나 겸손함이 인성을 대표하기도 한다. 필자는 인성을 〈생각〉과 〈말〉과 〈행동〉이라는 세 단어로 표현하고자 한다. 인성은 이 세 가지를 통해서 드러나고, 들여다볼 수 있기 때문이다. 존중을 넘어 존경받는 인성! 어른뿐만 아니라 어린아이일지라도 존경받는 인성! 4차 산업 혁명 시대에 인간이 장착해야 할 가장 큰 무기, 인성! 그 인성이 멋지게 가꾸어지도록 이 책이 도와줄 것이다.

두 번째는 '희망'이다. 희망은 듣기만 해도, 말하기만 해도 설렘을 가져다주는 단어이다. 어린이·청소년·청년만이 아니라 성인들도 꿈과 희망에 대해 고민하고 염려한다. 하지만 안타까운 현실이 있다. 희망을 마치 풀리지 않는 미스터리처럼, 잡히지 않는 신기루처럼 느끼는 사람이 많다는 것이다. 그도 그럴 수밖에 없는 것이, 대부분 꿈과 희망이 머리와 입에서만 머물기 때문이다. 꿈과 희망을 위한 진정한 전진의 노력이 없는 것이다. 지속적인 성장과 성숙의 작업을 통해 진정한 전진을 이룰 수 있다. 이 책은 하루하루의 삶에 대한 계획과 돌아봄을 통한 성장과 성숙 그리고 지속적이고 자발적인 사색을 통한 성장과 성숙으로 독자들을 꿈과 희망의 길로 안내할 것이다.

세 번째는 '행복'이다. 많은 사람들이 "인생의 궁극적인 목표는 행복이다.”라고 말한다. 하지만 정작 행복하다고 말하는 사람은 드물다. 살아가는 궁극적인 목표와 이유가 행복인데 행복을 느끼지 못한다. 그렇다면 행복한 사람이 있기나 한 걸까? 있다! 그것도 많이 있다! 실제로는 자신이 행복한데도 그것을 인지하지 못하고 있는 사람들이 많다. 사람들은 자신의 불행한 면을 주로 본다. 자신이 가지고 있는 행복을, 그것도 엄청난 행복을 간과하고, 바라보지 않으며, 느끼지 못하고 산다. 이 책은 내가 가진 행복을 바라보는 눈을 열어 줄 것이다.

네 번째는 '섬김'이다. 섬김의 단어를 영어로 표현하자면 서비스(service)이다. 서비스를 다시 우리말로 바꾸면 봉사(奉仕)이다. 봉사를 또다시 한자로 풀이한다면 '받들고 섬긴다'라는 의미이다. 즉, 섬김은 봉사이다. 요즘 봉사활동, 봉사정신은 아주 쉽게 듣고 접할 수 있는 단어이다. 그만큼 중요해졌고 그만큼 인식의 폭도 넓어졌다고 볼 수 있다. 인간의 마음 깊은 곳에는 누군가를 돕고 싶어 하는 마음 주머니가 있다고 본다. 나만 잘 먹고 잘살려 한다면 인간의 존엄성은 초라해질 것이다. 나만이 아닌 우리가 잘 사는 삶을 추구해야 하고 동참해야 한다. 아름다운 세상을 오염시키는 이기와 질투, 속임과 비난, 다툼과 전쟁마저도 섬김으로 해결할 수 있다. '나와 너 그리고 우리 모두가 행복한 세상 만들기'에 이 책도 동행할 것이다.

이 책에서는 〈인성〉·〈희망〉·〈행복〉·〈섬김〉의 언어를 직접적인 단어로 표현하는 것을 최대한 자제했다. 독자 여러분께서 보물찾기하듯 내용 속에 숨어 있는 네 가지 키워드의 의미를 스스로 찾아보고, 스스로 대입하고, 스스로 적용해 보길 권해 드린다.

나는 어제보다 성장하고 있는가? 단, 1㎜라도!

2020년 9월
허대중 드림

차례

· 3부 ·

익어 가는
가을처럼

· 4부 ·

내일도
따뜻한 겨울

고목이 피운 꽃,
그것은 청춘이다

1부

꽃피는 봄의
설렘으로

한 걸음의
점들이 모여

오늘

지금

이 순간 내딛는

우리들 각자의 발걸음은

그저 작은 한 걸음일 뿐입니다.

하지만

이 작고도 미약한

한 걸음 한 걸음의 점들이 모여

작은 성장들을 이어 주는 선을 이루고

선들이 이어져 미래로 나아가는 길을 냅니다.

척박했던 길들을

걷고 또 걸어가다 보면

나와 너 그리고 우리의 눈앞에

멋지고 아름다운 꿈길이 펼쳐집니다.

점이 모여 선이 되고
선을 이어 길이 되니
오늘의 한 점이 꿈길을 펼쳐 간다

☆ 오늘, 내가 해야 할 가장 중요한 점(일)은?

· ·

· ·

☆ 나의 생각 여행

· ·

· ·

· ·

· ·

· ·

배움의 때

뭐든지 때가 있겠지만
배움에는 더욱 그렇습니다.

배움의 때에
배움을 게을리하면
그 대가가 만만치 않을 테니까요.

배움의 때라는 것이
어린 시절, 젊은 시절에
주로 적용되는 표현이기는 하지만
성인이라고 해서 예외는 아닙니다.

어린이·청소년·청년·중년·노인 모두에게
아침·점심·저녁의 때가 똑같이 있듯이
하루라는 시간 속에서
잠시라도 배움의 때를 찾아내는 것은
애나 어른 상관없이
마음속에 품어야 할 배움의 마음가짐입니다.

배워야 할 때 놀고자 하면
놀고자 할 때 배워야 한다

❀ 현재, 내가 배우고 있는 것은? 또는 배워야 할 것은?

. . . .

. . . .

❀ 나의 생각 여행

. . . .

. . . .

. . . .

. . . .

. . . .

생각 주머니

사람의 생각은
잘 보이지 않지만
말을 통해서
그 사람의 생각을 볼 수 있습니다.
말은 내면을 들여다보는 내시경입니다.

천한 생각은
사람을 천하게 만듭니다.
천한 생각을 즐기는 사람과
천한 생각에 빠져 사는 사람은
부와 명예, 아니 더한 것을 가졌어도
사람들로부터 인정도, 존경도 받지 못합니다.

평소 우리들의 생각 주머니를
좋은 것들로 가득 채워야 합니다.
그렇게 되면
갑자기 튀어나온 말을 통해서도
품격이 전해집니다.

생각이 짧으면 말이 길어도 내용이 없고
생각이 천하면 지위가 높아도 존경이 없다

✿ 평소, 나의 머릿속에 맴도는 생각들은?

· ·

· ·

✿ 나의 생각 여행

· ·

· ·

· ·

· ·

· ·

고목이 피운 꽃,
그것은 청춘이다

고목이 피운 꽃
그것은 청춘이다.

갓난이는
젖을 먹고 살고
젊은이는
꿈을 먹고 살며
노인은
추억을 먹고 산다.

언제나
꿈을 꾸며 산다면
늙지 않고
평생이 청춘이다.

죽는 날까지
꿈꾸는 사람은
살아서도, 죽어서도
영원한 청춘이다.

고목이 피운 꽃,
그것은 청춘이다

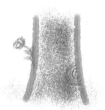

❋ 지금 나는, 청춘일까? 내 안에 어떤 푸르름이 있을까?

. . . .

. . . .

❋ 나의 생각 여행

. . . .

. . . .

. . . .

. . . .

. . . .

일상에서
발견하는 의미

무언가를 보고, 듣고, 경험하면서
가슴에 느껴지는 게 없거나
머리에 번뜩이는 게 없다면
허수아비의 삶과 다를 바 없습니다.

삶 속에서 경험하는
모든 여정과 모든 존재들 속에서
가치 있는 의미들을 발견해 낼 때
그 삶은 보석처럼 빛나는
가치 있는 인생이 됩니다.

삶의 모든 것에서 의미를 찾아내는 사람은
날마다 인생의 광산에서 보석을 캐는 것과 같습니다.

우리가 만나는 모든 일상과 순간순간 그리고 만물에서
귀하고 값진 가치들을 무의미하게 흘려보내지 않으면
소유와 상관없이 인생은 참으로 풍요로워질 것입니다.

바람에 뒹구는 낙엽에도 의미 있는 가르침이 있고
허공에 떠도는 소리에도 들려오는 깨달음이 있다

'오늘'은 나에게 어떤 의미가 있을까?

. . . .

. . . .

나의 생각 여행

. . . .

. . . .

. . . .

. . . .

. . . .

별의 노래

별은
내게 꿈을 보라 하고
하늘은
그 꿈 품으라 하네.

태양은
땀 흘려 꿈을 일구라 하고
새는
꿈으로 훨훨 날아 보라 하네.

별의 노래 부르기 위해
내 안의 나를 깨워야 해
그 노래가 흥겨운 매일이 되도록
지금의 내 언덕을 넘어야 해.

꿈을 찾아야 꿈이 보이고
꿈을 믿어야 꿈에 설레며
꿈을 일궈야 꿈을 이룬다

✳ 내 가슴속에 설렘을 주는 꿈은?

. . . .

. . . .

✳ 나의 생각 여행

. . . .

. . . .

. . . .

. . . .

. . . .

좋아하는 일을
하는 사람

일은 고단한 노동입니다.
'일이 즐겁다'는 의미는
일에서 즐거운 요소와 혜택들을
스스로 찾아낸다는 의미이지,
일 자체가 즐겁다는 뜻은 아닙니다.

'좋아하는 일'의 실체도 마찬가지입니다.
좋아하는 일을 한다고 해서 고단함이 없는 것은 아닙니다.

다만, 좋아하는 일을 하는 사람은
업무적으로 어려움에 처했을 때
그리고 아이디어가 필요할 때
일에 흥미가 없는 사람과는 분명한 차이를 만들어 냅니다.

좋아하는 일을 하는 사람은
어쩔 수 없이 일하는 사람이나
먹고살아야 하니까 일하는 사람에 비해
보다 쉽게 어려움을 극복해 내고,
보다 쉽게 아이디어를 창출해 냅니다.

흥미는
아이디어와 인내의 원천이다

✿ 내가 좋아하는 일(것)은?

. . . .

. . . .

✿ 나의 생각 여행

. . . .

. . . .

. . . .

. . . .

. . . .

자신만의 재능

재능은 특별한 사람만
가지고 태어나는 것이 아닙니다.
심지어는 식물도, 동물도
각각의 재능을 가지고 태어납니다.

이 세상에 태어나는 누구나 재능을 선물 받습니다.
거기에는 아무도 제외되지 않습니다.
다만 차이가 있다면 자신만의 재능을
'발견하고 개발했는가?'입니다.

극소수만을 인재로 키우는
성적 위주의 교육은 문제가 있습니다.
학생들의 다양한 재능이 무시되고
대다수의 학생을 패자로 만들기 때문입니다.

학생 모두를 유망주로 바라보며
그들의 무한한 잠재력을
발견해 주고 개발시키는 것이야말로
부모와 학교 그리고 국가가 감당해야 할
중요한 역할이요 사명입니다.

재능은
태어나는 모든 생명에게
하늘이 주는 공평한 선물이다

❉ 나만의 특별한 재능은?

. . . .

. . . .

❉ 나의 생각 여행

. . . .

. . . .

. . . .

. . . .

. . . .

다재다능한 사람
vs
한 가지를 잘하는 사람

많은 사람들이
다재다능한 사람을 부러워합니다.
다재다능한 사람은 자랑할 것도 많습니다.
대단한 사람처럼 보이기도 합니다.

하지만 아무리 다재다능한 사람이라고 해도
여러 가지를 특별하게 다 잘하기는 어렵습니다.
아니, 한 가지라도 제대로 하기가 쉽지 않습니다.

한 가지를 잘하는 사람은
자랑할 것이 많지 않습니다.
무능해 보일 수도 있습니다.

하지만 한 가지만이라도
특별히 잘하는 사람은
그 분야의 특출한 전문가로
우뚝 설 확률이 매우 높습니다.

여러 가지를 잘하는 사람은 자랑할 것은 많을지 모르나
한 가지를 특별히 잘하는 사람보다 뛰어나기 어렵다

✽ 멀티플레이어가 되고 싶은가, 스페셜리스트가 되고 싶은가?

. . . .

. . . .

✽ 나의 생각 여행

. . . .

. . . .

. . . .

. . . .

. . . .

존재의 가치

장미가 꽃의 여왕이라도
사시사철 온 천지가 모두 장미꽃이라면
향기도, 사랑스러움도 오래가지 않을 것입니다.
잡초처럼 취급받을 수도 있습니다.

보잘것없어 보이는 들꽃이라도
어떤 이에게는 최고의 꽃으로 사랑받습니다.

장미에게는 장미의 매력이 있고
들꽃에게는 들꽃 나름대로의
아름다움이 있습니다.

사람이든 동물이든 식물이든
그 존재의 가치는 높고 낮음이 아닌
각각이 가지고 있는 다양성 그 자체에 있습니다.

직업에도 어떤 직업은 귀하고, 어떤 직업은 천한
그런 귀천은 없습니다.
모두가 우리에게 필요하고,
모두가 우리에게 소중한 직업입니다.

직업의 가치는
높고 낮음에 있는 것이 아니라
다양성 그 자체에 있는 것이다

❀ 가치에 비해 홀대받고 있다고 생각하는 직업은?

. . . .

. . . .

❀ 나의 생각 여행

. . . .

. . . .

. . . .

. . . .

. . . .

새벽을 여는 자

잠은
사랑만큼이나
달콤합니다.

하지만
늦잠의 달콤함은
그리 오래가지 못합니다.
짧고 불안한 쾌락입니다.
불편하고 걱정스러운 행복입니다.

늦잠의 달콤함을
과감히 물리치는 사람은 어떤가요.
하루를 계획하며,
하루를 리드하며 살아갑니다.

그리고
삶의 시간과 공간 속에서
승리자의 삶을 살아갑니다.

새벽을 여는 자는 하루를 이끌며 살고
아침에 눈뜬 자는 하루에 끌려다니며 산다

☀ 평소, 나의 취침 시간과 기상 시간은?

. . . .

. . . .

☀ 나의 생각 여행

. . . .

. . . .

. . . .

. . . .

. . . .

사랑, 그거

사랑,
그거 별것인가요?

마음 담아 관심 주고
그 마음을 표현해 주면
멋진 사랑 아니던가요.

사랑,
그거 어려운가요?

관심으로 씨 뿌리고
표현으로 꽃피우는
작은 정성 아니던가요.

사랑이라는 그거,
그대도 할 수 있지요.

순간마다 눈빛 주고
수줍어도 마음 전하는
사랑이라는 그거 누구라도 할 수 있지요.

관심은 사랑의 씨를 뿌리고
표현은 사랑의 꽃을 피운다

◦ 사랑하는 누군가에게 표현하고 싶은 말이 있다면?

. . . .

. . . .

◦ 나의 생각 여행

. . . .

. . . .

. . . .

. . . .

. . . .

지혜로운 비교

많은 사람들이
비교를 싫어합니다.

그래서일까요?
비교라는 말은
마치 짜증이나 미움처럼
나쁜 단어로 인식되기도 합니다.

하지만
지혜로운 사람은
비교를 통해
성장과 행복을 얻습니다.

자신에게
유리한 비교를 하기 때문입니다.
자신에게
도움이 되는 비교를 하기 때문입니다.

성장을 위한 비교는 나보다 잘난 사람과 해야 하고
행복을 위한 비교는 나보다 못한 사람과 해야 한다

❋ 성장과 행복을 위해 누구누구와 비교해 볼까?

❋ 나의 생각 여행

꽃과 열매가
찬란한 이유

사람들은
남이 이룬 것을 봅니다.
아니,
남이 이룬 결과만을 봅니다.

이루어 가는 과정 속에서의
고난과 정성 그리고 인내는
보려고 하지 않습니다.
아니, 보아도 못 본 척합니다.

서러움 없이
피는 꽃이 어디에 있을까요?
눈물 없이
맺는 열매가 세상 어디에 있을까요?

시련의 시간들이 있었기에
꽃과 열매는 더욱 찬란합니다.

아름다운 꽃과 탐스러운 열매에는
웃음 너머 눈물이 수북하다

내 삶의 고난 속에서 피워 낸 꽃이 있다면?

나의 생각 여행

부드러운 말이
강하다

말을 잘하는 사람은
웅변하듯 말하지 않습니다.
온화한 표정과 부드러운 말투로
사랑을 속삭이듯 말하는 사람입니다.

사람들은 대부분
강하고 억센 표현의 말보다
부드럽고 상냥한 표현의 말을 좋아하고,
그런 말에 더 경청합니다.

그래서
강하게 전하고 싶은 말일수록
더더욱 부드럽게 말해야 합니다.

강하게 전하고 싶은 말일수록
온화한 표정과 부드러운 톤으로 말하면
그 말의 영향력은 훨씬 더 커집니다.

말이 강하면 내용이 약해지고
말이 부드러우면 내용이 강해진다

❋ 나는 온화한 표정과 부드러운 말투로 말을 할까?

· ·

· ·

❋ 나의 생각 여행

· ·

· ·

· ·

· ·

· ·

거리를 두고
바라보기

꽃이든
사람이든
조금은 떨어져서 보아야
더 아름답지요.

너무
가까이서 들여다보면
흠과 티가
훤히 보이거든요.

내어 준 틈새에
사랑 오가도록
살짝 떨어져서 보자고요,
그 아름다움들.

거리를 두고 바라보면
자연은 멋진 풍경화가 되고
사람은 멋진 인물화가 된다

☆ 내 마음속에 멋진 인물화로 떠오르는 사람은 누구?

. . . .

. . . .

☆ 나의 생각 여행

. . . .

. . . .

. . . .

. . . .

. . . .

두 마음에서
찾는 보물

일이 없으면 일을 갖고 싶어 하고
일을 갖게 되면 쉬고 싶어 하는 게
사람의 마음입니다.

일에 지치면 여행을 떠나려 하고
여행 중 피곤이 쌓이면 집에 가고 싶은 게
사람의 마음입니다.

길을 가다가 어느 지점에선가 쉼을 바라보는 것,
쉼 속에서 다시 전진의 길을 갈망하는 것,
그것은 삶의 여정입니다. 변덕이 아닙니다.

그런 삶의 여정 속에서
나와 너 그리고 우리는
성장과 무르익음의 보물들을 발견해야 합니다.

그리고 귀하게 발견한 그 보물들을
우리들 각자의 삶에, 우리들 순간순간의 삶에
적용시키고 활용하며 살아야 합니다.

가다 보면 쉬고 싶고
쉬다 보면 가고 싶다

❋ 처한 상황을 긍정으로 바라보는 나만의 방법은?

· ·

· ·

❋ 나의 생각 여행

· ·

· ·

· ·

· ·

· ·

열정의 꽃

꿈은
그 꿈을 향한 열정으로
잉태되고 태어납니다.

열정이 가득한 꿈은 땀방울로 수확하지만
열정이 부족한 꿈은 도둑질과 다름없습니다.

진정한 열정은
포기하지 않고 지속하는 꾸준함입니다.

열정을 불태우는 사람은 많으나,
끝까지 불태우는 사람은 드뭅니다.

열정의 꽃은
꾸준함으로 핍니다.

새는 날개로 창공을 날고
물고기는 지느러미로 물속을 날며
사람은 열정으로 세상을 난다

❊ 꿈을 향한 열정이 있나? 처음의 열정만큼 꾸준함도 있나?

. . . .

. . . .

❊ 나의 생각 여행

. . . .

. . . .

. . . .

. . . .

. . . .

들꽃의 향기

들꽃이
아름다운 것은
가꾸어 피워 낸 꽃이 아니요
스스로 피어났기 때문입니다.

들꽃이
위대한 것은
거칠고 사나운 풍파들
홀로 이겨 냈기 때문입니다.

또한 들꽃이
사랑스러운 것은
작고 여려도
꼿꼿한 자태로 뽐낼 줄 알고

가끔 들꽃이
보고픈 것은
찾는 이 없어도
슬픔을 이길 줄 알기 때문입니다.

들꽃이 아름다운 건
스스로 피어났기 때문이다

✿ 내가 스스로 헤쳐 나가야 할 일들은?

. . . .

. . . .

✿ 나의 생각 여행

. . . .

. . . .

. . . .

. . . .

. . . .

행복은
그렇더라

행복은
배워서 아는 것이 아니라 느껴서 누리는 것이고
앉아서 기다리는 것이 아니라 나가서 마중하는 거야.

행복은
멀리 있는 것이 아니라 가까운 곳에도 가득하고
높은 곳이 아니라 낮은 곳에 더 풍부하지.

행복은
대단한 것이 아닌 사소함에도 충분하고
특별한 사람이 아닌 평범한 사람들과 더 친하지.

행복은
꼭꼭 숨어 있는 것이 아니라 어디에서라도 찾을 수 있고
맛보면 줄어드는 것이 아니라 맛볼수록 더 넘쳐나는 거야.

행복은
없는 것을 탐하는 것이 아니라
이미 소유한 것을 누리는 것이다

깨닫지 못해서 누리지 못했던, 내가 가진 행복들은?

· ·

· ·

나의 생각 여행

· ·

· ·

· ·

· ·

· ·

내일의 여유로운
발걸음을 위해

준비는
내일의 여유로운 발걸음을 위한
오늘의 부지런한 노력입니다.

늦잠을 자고 난 아침이면
모든 준비는 대충대충입니다.
하루를 허겁지겁 출발하게 됩니다.
그렇게 서두르다가 놓고 간 물건이 생각나
집에 다시 들어오기도 합니다.

또 어떤 날은
예상치 못한 갑작스러운 일로
서두를 때도 있습니다.
서둘러 준비하다 보면 실수나 부족함이 뒤따릅니다.
결국, 처음부터 다시 해야 합니다.

미리 준비하는 습관은
미래를 꼼꼼히 준비하게 하고
두 번의 일을 방지할 수 있습니다.

서둘러 출발하면
다시 돌아올 때가 많다

☼ 지금, 미리 준비해야 할 일(것)이 있다면?

☼ 나의 생각 여행

말,
내면을 쏟아 내는
수도꼭지

사람의 마음을 알기는 참으로 어렵습니다.
그 사람의 성품을 아는 것도 쉽지가 않습니다.

하지만 우리는 보이지 않는
사람의 마음과 성품을 알아낼 수도 있습니다.

그 사람의 말을 통해서 알 수 있으며
표정이나 몸짓, 행동을 통해서도
알아낼 수가 있습니다.

그중에서도 말은 인간관계를 하면서
가장 많이 사용되고 표현되는 도구입니다.

멋진 내면과 아름다운 성품의 소유자는
주로 매력적인 말을 쏟아 냅니다.
말은 내면을 쏟아 내는 수도꼭지입니다.

말은
사람의 내면을 쏟아 내는 수도꼭지이다

◦ 나의 내면에 자주 등장하는 단어 다섯 개는?

· ·

· ·

◦ 나의 생각 여행

· ·

· ·

· ·

· ·

· ·

나비효과

나비의 펄럭임이
태풍을 만들었고
나비의 날갯짓이
우주를 흔들었다.

뒤꼍의 작은 꽃씨
화단을 물들였고
마당의 완두 한 알
텃밭을 일구었다.

그대의 작은 몸짓
만인을 잠 깨우고
그대의 몸부림은
세상도 깨우리라.

태풍의 시작은
언제나 미풍이다

지금, 작지만 소홀히 할 수 없는 일은?

· ·

· ·

나의 생각 여행

· ·

· ·

· ·

· ·

· ·

나 하나만이라도

어느 봄날
바람에 살랑거리는 예쁜 꽃들을
아이도, 어른도 다 꺾어 갈 때
나만은 그대로 두고 볼 수 있나요?

어느 구석진 곳
많고도 많은 사람들이
양심 없이 남몰래 버리더라도
나만은 버리지 않을 자신이 있나요?

한산한 새벽
달리는 자동차들이
신호를 지키지 않더라도
나만은 멈춤의 신호를 지킬 수 있나요?

나 하나의 생각은 작지만
나 하나의 행동은 작지 않습니다.
나 하나의 행동은 씨앗이 되고
나 하나의 행동은 풍성한 싹이 됩니다.

'나 하나쯤이야'라는 생각이 들 때
'나 하나만이라도'라는 행동이 필요하다

❊ 자랑할 만한 솔선수범의 일(기억)은?

. . . .

. . . .

❊ 나의 생각 여행

. . . .

. . . .

. . . .

. . . .

. . . .

사색의 힘

사색이 없는 공부는
깊이는 얕고, 효과는 짧습니다.
공부에 사색이 더해지면
지식은 깊어지고,
지혜도 솟아납니다.

사색이 없는 여행은
공간의 이동일 뿐입니다.
여행 중에 사색을 한다면
기쁨도, 추억도,
깨달음도 풍성해집니다.

사색이 없는 경험은
현상은 가득하나 본질은 빈곤합니다.
다양한 경험들에 사색이 스며들 때
경험은
창조적인 성장의 뿌리가 됩니다.

사색은 성찰의 조언자요
성장의 후원자이며 성숙의 동반자이다

최근에, 깊은 생각을 통해 얻은 깨달음이 있다면?

. . . .

. . . .

나의 생각 여행

. . . .

. . . .

. . . .

. . . .

. . . .

도전하는 자는 전진하고
머뭇거리는 자는 퇴보한다

2부

여름보다
뜨거운 열정으로

귀함과 천함

귀함과 천함은
누구에게나 있습니다.

귀함과 천함은
선천적일 수도, 후천적일 수도 있습니다.
타고난 것이든, 노력에 의한 것이든
사람들은 천함보다 귀함을 원하며 살겠지요.

귀하고 천함이 겉모습은 아닙니다.
부와 명예로 귀하다 한다면
세상 대부분의 사람이 천해집니다.
지위가 높아도 품격이 낮으면 천한 사람이요,
지위가 낮아도 인품이 훌륭하면 귀한 사람입니다.

귀함과 천함은 영원불변한 것도 아닙니다.
귀하다가 천해질 수 있으며
천하다가 귀해질 수도 있습니다.

귀함과 천함은
오늘, 우리들 삶의 발자국들입니다.

높음에도 천함이 있고
낮음에도 귀함이 있다

✽ 내 안에 자랑할 만한 귀함이 있다면 무얼까?

. . . .

. . . .

✽ 나의 생각 여행

. . . .

. . . .

. . . .

. . . .

. . . .

작은 욕심

욕심은
뉘앙스가 좋은 단어는 아니지만
때에 따라서는 가져야 할 마음가짐입니다.

욕심은
경쟁에서 이기려 하는 의지가 되고
성장을 부추기는 원동력이 되며
게으름보다 부지런함을 선택하게 하여
성장과 행복의 확률을 높여 줍니다.

반대로 욕심이 없다는 것은
좋은 사람으로 비춰지거나
좋은 사람으로 살 수 있을지는 모르나
경쟁이 있을 수밖에 없는 이 세상의 삶에서는
무능이 될 수도 있습니다.

탐욕처럼 지나친 욕심이나
자신만을 위한 욕심이 문제이지,
성장과 행복을 위해서
작은 욕심은 꼭 필요합니다.

탐욕貪慾은 지나침으로 화를 부르고
무욕無慾은 부족함으로 부끄러우나
소욕小欲은 가벼운 날갯짓으로 하늘을 날게 한다

❋ 지금 내가, 욕심을 내야 할 것이 있다면?

. . . .

. . . .

❋ 나의 생각 여행

. . . .

. . . .

. . . .

. . . .

. . . .

좋은 인연

온다 하면 마음 설레고
간다 하면 눈물로 아쉬운
그런 만남이
좋은 인연이어라.

실수하여도 미움이 없고
실망스러운 날에도 흔들리지 않는
그런 만남이
좋은 인연이어라.

우연이 필연으로 느껴지며
악연이 선연으로 변해 가는
그런 만남이
참 좋은 인연이어라.

좋은 인연은
온다 하면 마음 설레고
간다 하면 눈물로 아쉽다

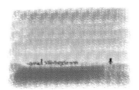

❀ 나의 좋은 인연 중, 지금 떠오르는 사람은?

. . . .

. . . .

❀ 나의 생각 여행

. . . .

. . . .

. . . .

. . . .

. . . .

겸손

대개는 잘나지도 못한
어중간한 사람이 잘난 척을 많이 합니다.
익은 벼가 고개를 숙이는 것처럼
잘 익은 사람은 겸손합니다.

교만한 사람은
웬만해서 상대방을 높이지 않습니다.
다른 사람들보다 자신이 위에 있다는 생각이
내면 깊숙이 뿌리를 내렸기 때문입니다.

교만한 사람은
상대방이 높아지는 것을
인정하려고 하지도 않습니다.
상대방이 높아지는 만큼
상대적으로 자신이 낮아질 수 있다는
못난 생각에 사로잡히기 때문입니다.

나를 낮춤으로 표현되는 겸손,
상대를 높임으로 전해지는 겸손,
자기 성숙과 타인 존중의 증거입니다.

자신을 낮추는 겸손은 성숙의 증거이며
상대를 높이는 겸손은 존중의 증거이다

✤ 교만을 멀리하기 위해 힘써야 할 것은?

. . . .

. . . .

✤ 나의 생각 여행

. . . .

. . . .

. . . .

. . . .

. . . .

최고의
부끄러움

아마도
가난한 삶을
소망하는 사람은 없을 겁니다.

먹고, 입고, 즐기고….
하고 싶은 것들을 하기 위해서는
가난이라는 걸림돌을 넘어서야 하기 때문입니다.

그래서 사람들은
열심히 배우고, 열심히 일을 합니다.

물론,
부자가 된다고 해서 으스댈 것만도 아니고
가난한 삶이라고 해서 부끄러워할 것은 아닙니다.

하지만
옳지 못한 방법으로 부자가 되거나
게으름 때문에 가난한 삶을 산다면
부끄러움 중 최고의 부끄러움입니다.

가난은 부끄러움이 아니지만
그 가난이 게으름 때문이라면
부끄러움 중의 부끄러움이다

✤ 나의 게으름을 이기는 방법은?

· ·

· ·

✤ 나의 생각 여행

· ·

· ·

· ·

· ·

· ·

지금,
100미터

마라톤은
42.195㎞의 거리를 뜁니다.
인간의 한계에 도전하는
극한의 운동이기도 합니다.

육상을 처음 시작한 사람이
마라톤을 완주할 수는 없습니다.
5㎞, 10㎞, 20㎞, 30㎞….
이렇게 점점 늘려 가다가
42.195㎞에 도전하게 됩니다.

오늘 내게 주어진 5㎞, 10㎞를
꾸준히 연습하지 않거나,
열심히 준비하지 않는 사람은
마라톤을 완주하기 어렵습니다.

아니, 42.195㎞의 마라톤을
뛸 기회조차 주어지지 않습니다.
지금, 100m를 뛰어야 합니다.

작은 일에 충실한 사람은 큰일을 맡아도 잘 해내고
작은 일에 소홀한 사람은 큰일을 맡을 기회조차 없다

❋ 오늘 내가, 충실해야 할 작은 일은?

. . . .

. . . .

❋ 나의 생각 여행

. . . .

. . . .

. . . .

. . . .

. . . .

시간의 거울

내가 보는 것, 내 눈에 보이는 것이
전부가 아닐 수 있습니다.
내가 보고, 내 눈에 보이는 것만 가지고
섣불리 판단한다면
상처를 줄 수도, 낭패를 불러올 수도 있습니다.

겉모습도 중요하지만
외양보다는 내면이,
껍데기보다는 알맹이가 더 중요합니다.

겉도 좋고, 속도 좋으면
더할 나위 없겠지만 드문 경우이며,
검은 속을 순백의 겉으로 포장하는 경우가 많습니다.
반면에 겉이 누추하거나 볼품은 없어도
진국인 경우도 많습니다.

빠른 판단은 좋지 않습니다.
사람의 마음도, 어떤 상황도
시간의 거울로 보는 것이 좋습니다.

보기에는 맑아도 좋은 물이 아닐 수 있고
보기에는 탁해도 나쁜 물이 아닐 수 있다

❖ 처음엔 별로였는데 시간이 지날수록 좋아지는 사람은?

· ·

· ·

❖ 나의 생각 여행

· ·

· ·

· ·

· ·

· ·

그대 서신 곳에서

나의 생각, 나의 맘으로
그대 바라볼 땐
아쉬움, 서러움으로
슬픈 나날 많았답니다.

어느 날엔가
그대 서신 곳에서 나를 바라보니
그대도 나로 인해
눈물깨나 흘렸겠어요.

이제 동(東)에 있는 나
서(西)에 있는 그대를 먼저 살펴
눈물 말고 웃음을 주려 합니다.

해와 달과 별들이
그대의 삶과 나의 날들에
끄덕이며, 박수하며
맑은 미소 가득 채우도록.

내 맘 같은 사람이 없다는 생각이 들 때
나는 남의 맘을 얼마나 살폈는지 돌아봐야 한다

✳ '나 같으면'이라는 말을 자주 하는가?

. . . .

. . . .

✳ 나의 생각 여행

. . . .

. . . .

. . . .

. . . .

. . . .

바로 지금, 여기

지금은 내일의 과거요
오늘의 현재이며 어제의 미래이기에
과거도 현재도 미래도
바로 지금에 있습니다.

현재를 잘 준비하면서
미래를 기대하며 기다리는 것은 좋지만
현재의 삶에 충실하지 않으면서
멋진 미래가 빨리 오기만을 바라는 것은
황당하고 어리석은 욕심일 뿐입니다.

어린아이가 빨리 어른이 되고 싶어 하는 것은
빨리 늙고, 병들고, 죽는 것을
소망하는 것과 다를 바가 없습니다.

바로 지금, 내가 있는 순간들을 사랑하고
바로 여기, 내가 있는 장소에서 최선을 다하면
재촉하지 않아도 봄은 오고
그 아름다운 봄날의 기쁨을
마음껏 누릴 수 있습니다.

봄을 재촉하면
겨울도 서둘러 온다

❀ 나의 어제에, 점수를 준다면 몇 점?

· ·

· ·

❀ 나의 생각 여행

· ·

· ·

· ·

· ·

· ·

도전하는 사람

인생은
거슬러 올라가는 배와 같아서
노를 젓지 않으면
하류로 떠밀려 내려갑니다.

기회가 자주 오지 않는 것 같지만
생각보다 기회는 자주 옵니다.
그 기회가 기회인 줄을 모를 뿐입니다.
도전하면 기회를 잡지만,
도전이 없거나 머뭇거리면 기회는 사라집니다.

도전으로 인한
실패가 있을 수도 있지만
실망할 필요는 없습니다.
실패와 시행착오는
다음의 도전을 위한
멋진 교훈과 밑거름이 됩니다.

두려움에 머뭇거리는 자는 퇴보하고
설렘과 용기로 도전하는 사람은 전진합니다.

도전하는 자는 전진하고
머뭇거리는 자는 퇴보한다

✿ 성공했든, 실패했든 멋지게 도전했던 일은?

. . . .

. . . .

✿ 나의 생각 여행

. . . .

. . . .

. . . .

. . . .

. . . .

에너지를 충전하는 시간

휴식은 사람에게도 동물에게도
심지어 자동차 같은 기계에도 필요합니다.

학교 수업 시간의
고단함을 달래 주는 것은
쉬는 시간입니다.
학생들은 쉬는 시간으로
에너지를 재충전합니다.

쉬는 시간 없이 연속으로 공부하면
빨리 끝나서 좋을 것 같지만
쉬는 시간은 학업의 효율을 위해 꼭 필요합니다.

아무리 바빠도 쉬지 않고 일을 하면
몸이 혹사 되어 망가집니다.
건강도 잃고 목숨도 잃을 수 있습니다.

쉼은 쓸데없는 시간 낭비가 아닙니다.
휴식은 버려지는 시간이 아니라
에너지를 충전하는 생산적인 시간입니다.

쉼표를 소홀히 하면
갑자기 마침표를 찍을 수도 있다

✽ 나는 일상에서 적절한 휴식을 취하고 있나?

. . . .

. . . .

✽ 나의 생각 여행

. . . .

. . . .

. . . .

. . . .

. . . .

쾌락의 대가

유혹은 매력적이고
쾌락은 달콤합니다.

세상은 유혹의 아름다움들로 가득 차 있고
허다한 사람들이 그것에 열광합니다.
하지만 유혹에 넘어가 쾌락을 즐긴 대부분의 사람은
슬픈 결말(sad ending)로 눈물 흘립니다.

과식, 물욕, 성욕의 쾌락 뒤에는
그에 대한 대가가 따라옵니다.
많은 유명인들이 순간의 쾌락으로
영원한 몰락의 길을 걷기도 합니다.

욕망을 분출함으로써 얻는 쾌락보다는
절제함으로써 얻는 뿌듯함이 훨씬 큽니다.

쾌락의 유혹이 밀려오거든
먼저, 그 쾌락의 대가를 떠올려야 합니다.

순간의 쾌락은
긴 후회를 남긴다

❋ 지금, 멀리해야 하는 유혹이 있다면?

. . . .

. . . .

❋ 나의 생각 여행

. . . .

. . . .

. . . .

. . . .

. . . .

일상의 기적

기적은 무언가요?
척박한 황무지라도
땀방울만큼은 거두어지는 것이
기적 아닌가요.

기적은 무언가요?
어둔 세상에도 빛이 있고
절망 가운데에도 희망이 있는
우리 삶이 기적 아닌가요.

새 날고, 바람 부는 것
나 있고, 우리 사는 것
무심결에 흘려보내는
이 평범한 일상이 기적 아닌가요.

평범해 보이는 일상이
기적 같은 기적이다

✻ 지금, 내가 경험하고 있는 기적들은?

. . . .

. . . .

✻ 나의 생각 여행

. . . .

. . . .

. . . .

. . . .

. . . .

사랑의 징후,
이별의 신호

언제부터인가
시도 때도 없이 그 사람이 떠오르면
이미 사랑이 시작된 겁니다.

사사건건
단점만 보이고 미운 것만 떠오른다면
권태가 다가오는 신호입니다.

정신없이 바쁜데도
그 사람이 자꾸 생각나면
그 사람을 향한 사랑이 가득하다는 뜻입니다.

아무리 한가해도
그 사람이 생각나지 않으면
이미 내 마음은 그 사람을 떠나가고 있는 겁니다.

사랑이 싹트기 시작하면
그 사람만 생각나고
사랑이 식으면 그 사람이 희미합니다.

자주 생각나면 사랑의 징후이고
자주 잊어지면 이별의 징후이다

✽ 삶에서 시시때때로 생각나는 사람은?

. . . .

. . . .

✽ 나의 생각 여행

. . . .

. . . .

. . . .

. . . .

. . . .

독서의 생명력

책은 읽기만 하는 것보다
활용이 더 중요합니다.

책은 많이 읽으나 현실의 삶에서
활용하지 못하는 사람이 많습니다.
마음의 양식은 풍요로워지겠지만
나만의 양식을 넘어
세상을 향한 에너지까지 되면 더 좋습니다.

책을 많이 읽지는 않지만
책에서 읽은 내용을
삶에서 유용하게 활용하는 사람도 있습니다.
그런 사람은 책을 통해
세상 속에서 적용할 에너지를 충전합니다.

한 권의 책을 읽고
단 한 줄의 내용이라도 삶에 적용하게 된다면
그 책은 독자에게도, 세상에게도
생명력 있는 발자취를 남기게 됩니다.

한 권의 책이 좋은 책이 되고 못되고는
저자의 집필 능력보다는
독자의 활용 능력에 달려 있다

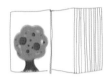

❋ 독서에서 얻은 가장 인상적인 내용은?

. . . .

. . . .

❋ 나의 생각 여행

. . . .

. . . .

. . . .

. . . .

. . . .

인복 人福

인복이 없다고 말하는 사람은
자기가 준 것을 위주로 생각합니다.
받은 것은 쉽게 잊어버리거나
대수롭게 생각하지 않는 경향이 있습니다.

인복이 많다고 말하는 사람은
자기가 받은 것을 위주로 생각합니다.
준 것은 잊어버리거나
크게 생각하지 않습니다.

주려는 마음으로 가득하여
주면서 살아가는 사람은
대체로 인복이 많고,
받으려는 욕심이 가득하여
주는 데 인색한 사람은
대체로 인복이 없습니다.

이왕이면 인복이 많다고 생각해야
사람들이 사랑스럽고
사람들로부터 사랑도 받습니다.

인복이 없다고 말하는 사람은
받은 것보다 준 것을 크게 생각하고
인복이 많다고 말하는 사람은
준 것보다 받은 것을 크게 생각한다

✳ 나는 인복이 있는 사람일까?

. . . .

. . . .

✳ 나의 생각 여행

. . . .

. . . .

. . . .

. . . .

. . . .

고난이
축복이라

동토(凍土)를 견디어
봄꽃을 피웠다.
시린 고통의 끝은
그렇게 향기로웠다.

거센 바람에
잎도 가지도 나둥그라졌다.
그 바람으로 새잎 돋고 새 가지 나더니
열매는 갑절이나 풍성하였다.

석수장이의 뾰족한 정에
온몸은 피멍이 되었다.
피멍이 가신 후
돌덩이는 예술이 되었다.

지금에 나
어디로부터인가 했더니
모진 산통 견뎌 낸
어머니의 선물이었다.

고난의 골짜기를 지나면
기쁨의 봉우리를 만난다

❋ 고난을 통해 기쁨을 얻은 경험이 있다면?

· ·

· ·

❋ 나의 생각 여행

· ·

· ·

· ·

· ·

· ·

나의
현재와 미래

잘 살아왔든 못 살아왔든
오늘의 나는
내가 스스로 만들어 낸 결과물입니다.

오늘의 내가
자랑할 만하다면
지금까지 열심히 살아왔을 것이며
오늘의 내가 부끄럽다면
지금까지 아쉬운 삶을 살았을 겁니다.

오늘의 내가 멋지든 그렇지 않든
미래의 나 또한
나 스스로가 만들어 갑니다.

지금까지 내가
어떻게 살아왔는가와 상관없이
지금부터 어떻게 살아가느냐에 따라
미래의 내 모습은 달라집니다.
멋질 수도 있고, 초라할 수도 있습니다.

오늘의 나는
지금까지 내가 살아온 날들의 결과물이며
미래의 나는
지금부터 내가 살아갈 날들의 결과물이다

❄ 1년 전, 지금, 1년 후의 나는 각각 몇 점?

. . . .

. . . .

❄ 나의 생각 여행

. . . .

. . . .

. . . .

. . . .

. . . .

충고의 기술

'입에 쓴 약이 몸에 좋다.'

하지만 우리의 인간관계 속에서
잔소리나 쓴소리를 좋아하는 사람은
흔하지 않습니다.

조언이나 충고는
그 사람의 요청이 없을 땐
하지 않는 편이 좋습니다.

꼭 해야 하는 상황이라면
먼저, 분위기나 환경을 만들어야 합니다.
그러고 나서
조언이나 충고를 요청하도록
지혜롭게 유도해야 합니다.

조언이나 충고를 남발하면
머지않아 그 사람은
나를 멀리하게 됩니다.

조언이나 충고의 적절한 시기는
듣는 사람이 듣고 싶은 때이지,
말하는 사람이 말하고 싶은 때가 아니다

✳ 충고할 때, 상대방의 입장을 먼저 생각하나?

. . . .

. . . .

✳ 나의 생각 여행

. . . .

. . . .

. . . .

. . . .

. . . .

꿈으로 오는 별

공중에
푸른 하늘 있어도
그 푸르름 마시지 않으면
하늘은
내 청춘이 아니요,

밤하늘에
영롱한 별 있어도
눈망울의 감탄일 뿐이면
별은
내 꿈으로 오지 않는다.

푸른 하늘 오르려
길고 긴 사다리를 만들고
밤하늘의 별을 따려
잠자리채 휘저을 때
청춘이, 별들이 내게로 온다.

마음만 먹은 사람은 구경꾼이 되고
실행에 옮기는 사람은 주인공이 된다

❀ 나는 계획성이 있는가? 계획에 대한 실천력은 좋은가?

. . . .

. . . .

❀ 나의 생각 여행

. . . .

. . . .

. . . .

. . . .

. . . .

좋은 나라

이제 개천에서 용 나는 시절은
지나갔다고 말들 합니다.
결코 좋은 현상이 아닙니다.
그것은 과거 신분제도로의
회귀와 다를 바 없습니다.

좋은 나라는 모든 국민에게
공평한 기회가 주어지는 나라입니다.

가진 사람들에게
훨씬 유리한 기회가 주어지는 것은
많은 사람들의 의욕을 빼앗는 일입니다.
그리고 평가는 공정해야 합니다.
성장과 경쟁을 위한 평가가 있다면
공정한 과정과 공정한 잣대로
투명하게 평가되어야 합니다.

공평한 기회와 공정한 평가가 있는 나라는
다수가 행복해지는 좋은 나라입니다.

기회는 공평해야 하고
평가는 공정해야 한다

❋ 불공평이나 불공정을 없애기 위한 방법은?

. . . .

. . . .

❋ 나의 생각 여행

. . . .

. . . .

. . . .

. . . .

. . . .

타이밍

하늘 높이
공중 멀리
연을 날리고 싶다면
바람을 기다려야지

바람 없는 하늘에
연을 띄우려 하니
아무리 뛰어도
곤두박질이야

바람이 부는 날엔
걷기만 하여도
연실만 풀어도
훠얼훨 하늘을 날잖아

바람이 불어오거든
연을 날리자

❀ 때를 기다리지 못해 후회했던 일은?

· ·

· ·

❀ 나의 생각 여행

· ·

· ·

· ·

· ·

· ·

인격의 잣대

인격이 좋은지, 그렇지 못한지
알아보는 방법은 많겠지만
'화'도 그중 하나의 잣대입니다.

평소에 자신이 자주 화를 내는 사람인지,
웬만해서는 화를 내지 않는 사람인지
삶을 뒤돌아보면 자신의 인격을 볼 수 있습니다.

화를 내는 빈도로도 알 수 있지만
화를 내는 태도나 표정 또한
인격을 보는 잣대가 됩니다.

상대방의 인격을
무참히 짓밟으면서 화를 내는 사람과
잡아먹을 듯이 화를 내는 사람은
좋은 인격을 가졌다 할 수 없습니다.

훌륭한 인격의 소유자는
화가 날 상황에도 웃음 짓거나
부드러운 표정으로 화를 냅니다.

자주 화를 내면
못난 인격이 자주 들통난다

❄ 나는 자주 화를 낼까? 화를 낼 때 나의 표정은?

. . . .

. . . .

❄ 나의 생각 여행

. . . .

. . . .

. . . .

. . . .

. . . .

꽃으로
살고 싶다

꽃은 벌을 부르지 않았다.
나비마저 부르지 않았다.
그런데도 벌과 나비는
날아와 몸부림친다.

꽃은 우리에게 손짓이 없었다.
초대는 더욱 없었다.
그런데도 사람들은
코를 대며, 품으며 사진을 찍어 댄다.

나는 꽃과 같이 향기 품고
너는 꽃과 같이 아름다워
벌도 나비도 날아드는
그런 사람 되어 살면 좋겠다.

요리의 향기는 식탁에 퍼지고
사람의 향기는 세상에 퍼진다

❊ 내가 품은 향기에는 어떤 것들이 있을까?

. . . .

. . . .

❊ 나의 생각 여행

. . . .

. . . .

. . . .

. . . .

. . . .

사랑받는 우산

비 내리는 날엔
우산이 생각난다.

오늘 누군가의 마음에
추억의 비가 내린다면
나도
생각나는 한 사람이고 싶다.

비가 오는 날엔
우산을 사랑한다.

나도 누군가에게
어느 하루라도,
어느 순간이라도
사랑받는 우산이 되고 싶다.

기억되는 사람이 아름다우면
기억하는 사람이 행복하다

❉ 지금, 미소로 기억할 사람이 있다면 누구?

. . . .

. . . .

❉ 나의 생각 여행

. . . .

. . . .

. . . .

. . . .

. . . .

지혜로운 사람은

그것이 무엇이든

잃기 전에 소중함을 깨닫는다

3부

익어 가는
가을처럼

잔바람에
흔들리지 않는
나무

큰 나무는
잔바람에 흔들리지 않는다.
바람을 토닥이며
살며시 웃어 줄 뿐.

깊고 넓은 강은
돌멩이 하나에 일렁이지 않는다.
뾰족함을 쓰다듬으며
둥근 맘으로 품에 안을 뿐.

맑고 높은 하늘은
먼지에 푸르름을 내어 주지 않는다.
때 묻은 공기마저 끌어안으며
큰맘으로 친구 되어 줄 뿐.

큰 나무는
잔바람에 흔들리지 않는다

❋ 누군가에게 아량을 베풀었던 기억이 있다면?

. . . .

. . . .

❋ 나의 생각 여행

. . . .

. . . .

. . . .

. . . .

. . . .

귀찮은 것을
즐기는 삶

목적지 가장 가까운 곳에 주차하는 사람이 있고
일부러 멀리 주차해 놓고 걸어가는 사람이 있습니다.
무조건 엘리베이터를 타는 사람이 있고
웬만하면 계단으로 오르내리는 사람이 있습니다.

리모컨 애호가가 있고
집에서도 일부러 부지런히
몸을 움직이는 사람이 있습니다.

설거지와 청소 그리고 책상 정리를
마지못해서 하는 사람이 있고
그 속에서 기쁨과 보람을 찾는 사람도 있습니다.

편함을 추구하면 순간의 즐거움은 얻겠지만
편함에 익숙해지면
건강도, 기회도, 성장도… 많은 것을 잃습니다.

하지만, 귀찮은 것을 즐기면
예상치 않은 많은 것을 얻을 수 있습니다.

걷기를 귀찮아하면
머지않아
걷기를 소망하게 된다

❋ 내게 귀찮은 일들은? 귀찮음을 즐길 때 예상되는 효과는?

. . . .

. . . .

❋ 나의 생각 여행

. . . .

. . . .

. . . .

. . . .

. . . .

참새, 날다

나는 참새
시골뜨기 키 낮은 작은 참새,
다리에 큰 돌 묶고 날려 하니 바보였어.
두 날개 부러지기 전
그 돌덩이 풀어야지.

애벌레 먹고 사는
자그만 참새 녀석,
토끼를 낚아채는 독수리에 혹하지만
참새는 그저 참새일 뿐
독수리는 아니야.

참새로 날아가도
하늘이 내 것이고
참새로 살면서도 귀한 일 지천이니
내 하늘 내 날개 펴고
날아 보자, 훠얼훨!

독수리가 비행하는 하늘에 꿈이 있듯
참새가 날아가는 하늘에도 꿈이 있다

❋ 내가 지금, 버려야 할 욕심은?

. . . .

. . . .

❋ 나의 생각 여행

. . . .

. . . .

. . . .

. . . .

. . . .

강점 강화

나의 아름다움이
사람들의 눈을 사로잡으면
내가 가진 티는 잘 보이지 않습니다.
누구든 아름다움과 함께
흠을 가지고 있습니다.

자신의 아름다움과 강점보다는
흠과 약점에 시선과 마음을 두고서
염려에 빠지는 사람이 있습니다.
그건 안타까움입니다.
그건 지혜롭지 못합니다.

나의 아름다움이 크면
흠이 잘 보이지 않습니다.
흠이 보인다고 하더라도
상대방은 나의 아름다움으로 인해
너그러운 미소로 넘어갑니다.

나의 아름다움이 더 커지고 더 빛나도록
내가 가진 강점을 강화해야 합니다.

장미가 아름다우면
가시는 보이지 않는다

❀ 눈부시게 매력적인 나의 강점은?

· ·

· ·

❀ 나의 생각 여행

· ·

· ·

· ·

· ·

· ·

작은 나

보일 듯 말 듯
작고도 작은 내가
무엇으로 크다 할 수 있더냐.

우주의 티끌만 한 지구에서
낮고도 우스운 존재로 살면서
무엇으로 우쭐거릴 수 있느냐.

티끌 속 점 하나인 내가
키를 재며 뽐을 내니
못났다, 참으로 어리석다.

지구라는 단칸방에 살면서
네 편 내 편을 가르고
아옹다옹 살고 싶더냐.

사랑하며 살기도 짧다.
다독이며 살기도 부족하다.
우주 속 나를 보며 겸손히 살아가자.

고만은
어리석은 자가 자랑하는 못난 훈장이다

✿ 사람들은 내가 어떨 때 교만하다고 생각할까?

. . . .

. . . .

✿ 나의 생각 여행

. . . .

. . . .

. . . .

. . . .

. . . .

자신감

좋은 생각은 몸과 마음에
좋은 에너지를 전해 줍니다.
나쁜 생각은 몸과 마음으로부터
많은 에너지를 빼앗아 갑니다.

누구나 갖고 싶은 자신감은
자신의 마음가짐에 달려 있습니다.

자신감을 갖게 하는 것도
자신감을 잃게 하는 것도
외부로부터의 자극보다는
내면으로부터 더 큰 영향을 받습니다.

자신감을 갖고 싶으면 그 일을 통해 얻게 되는
다양한 성취와 선물들을 떠올리고
그 성취와 선물들이 내게 줄 설렘을
마음껏 느껴 보면 됩니다.

내가 잘할 수 있을까? 사람들이 비웃지 않을까?
자꾸 걱정을 하게 되면 있던 자신감도 사라집니다.

자신감은
있다고 생각하면 더 많아지고
없다고 걱정하면 더 없어진다

❄ 새로운 시작에 설렘이 앞서는가, 걱정이 앞서는가?

. . . .

. . . .

❄ 나의 생각 여행

. . . .

. . . .

. . . .

. . . .

. . . .

충고 전,
마음 스트레칭

충고는 대개 약이 됩니다.
그런데 때로는 독이 될 때가 있습니다.

준비가 안 된 상황에서의 충고는
약이 되기보다 독이 되기 쉽습니다.
그것은 양쪽 모두에게 손실이 됩니다.

운동이나 물놀이를 하기 전
스트레칭과 몸풀기가 중요합니다.
충고를 할 때에도
스트레칭과 몸풀기가 필요합니다.

충고 전의 칭찬은
경직된 마음을 풀어 주고
수용의 마음을 준비하게 하여
공감을 이끄는 좋은 스트레칭이 됩니다.

충고를 하고자 한다면
먼저, 칭찬의 요소를 찾아야 한다

✿ 충고해 주고 싶은 사람이 있나? 먼저, 칭찬을 한다면?

. . . .

. . . .

✿ 나의 생각 여행

. . . .

. . . .

. . . .

. . . .

. . . .

'Do'와 'Create'

아무 생각 없이 다람쥐 쳇바퀴 돌 듯
일하는 사람은 성장하기 어렵습니다.

어제와 오늘, 일을 대하는 자세가
날마다 새로운 사람도 있습니다.
활력이 넘치고 진취적이기 때문에 날로 날로 성장합니다.

일을 하는 자세에서 'Do'에는 영혼이 없습니다.
'해야 하니까' 하는 일이고
'시키기 때문에' 일을 합니다.

반면 'Create'에는 열정이 있습니다.
아무리 반복적인 일을 하더라도
새로운 마음가짐으로 일합니다.
시키지 않아도 자발적으로 일합니다.
어제보다 진전시킬 것은 없는지
골똘히 생각하고 창조하는 자세로 일을 합니다.

일은 단순히 '하는 것'이 아니라
늘 새롭게 '창조하는 것'입니다.

습관적으로 일하는 사람은 일이 늘 똑같고
창조적으로 일하는 사람은 일이 늘 새롭다

❋ 나는 어제보다 성장하고 있는가? 단, 1㎜라도?

. . . .

. . . .

❋ 나의 생각 여행

. . . .

. . . .

. . . .

. . . .

. . . .

공감하는 삶

누군가 어려움에 처했을 때
뭐 필요한 것은 없는지, 더 도와줄 것은 없는지
마음을 애태우는 사람이 있습니다.
자기 일이 아닌데도 말입니다.

같은 상황에서
강 건너 불구경하는 사람도 있습니다.
심지어는 재미를 느끼며 즐기는 사람도 있고
상처마저 주는 사람이 있습니다.

남의 고난을 보고 못 본 체할 수도 있겠지만
그리 아름다운 사람은 아닌 것 같습니다.
스스로의 마음속에서
부끄러움은 못 느낄지 몰라도
자랑스러움도 느끼지 못할 겁니다.

남의 고난에 같이 아파하고
남의 행복에 함께 기뻐하면
고난과 행복에도 서로 웃을 수 있는
더불어 좋은 세상이 될 겁니다.

슬픔과 기쁨을 공감하는 사람에게는
진실한 친구가 많다

❊ 자랑스럽고 뿌듯했던 도움의 기억은?

....

....

❊ 나의 생각 여행

....

....

....

....

....

많이 아는 사람

많이 아는 사람들은
자기가 아는 것이나 지식을
자랑하지 않습니다.
아니,
자랑하는 것을 부끄러워합니다.

지식은
깊이 알면 알수록 어렵고
부족함이 더 크게 느껴지기 때문입니다.
지식의 깊이는
깊고도 깊어서 알아도, 알아도 끝이 없습니다.

어설피 아는 사람이
아는 척을 많이 합니다.
자기가 아는 것을
전부인 줄로 생각하여
자랑하기에 바쁩니다.

많이 아는 사람은 조금 안다고 생각하고
조금 아는 사람은 많이 안다고 자랑한다

❋ 내가 가진 지식에 점수를 준다면 몇 점?

❋ 나의 생각 여행

사람의 향기

사람들은 대부분
완벽한 것을 좋아합니다.

그런데 막상
사람이 완벽하다면?
아마도 사람의 향기는
별로 느껴지지 않을 겁니다.

빈틈이 없이
완벽한 사람에게는
다가가기가 쉽지 않습니다.
조심스럽고 불편합니다.
나의 부족함이
들통날까 염려됩니다.

틈이 있는 사람은
그 자체로 편안함을 줍니다.
긴장감도 풀어 줍니다.
내가 채워 주거나 도와줄 것이 있을 것 같은
보람도 기대가 됩니다.

스펀지의 구멍이 물을 빨아들이듯
틈이 있는 사람에게 다가가기 쉽다

❋ 오히려 매력이 되는 나의 빈틈은?

....

....

❋ 나의 생각 여행

....

....

....

....

....

이성과
감성의 조화

이성과 감성은
삶을 살아가는 데
조화롭게 필요한 요소입니다.

상황에 따라
사리에 맞는 판단을 해야 하고
함께 호흡하는 사람들에게는
따뜻한 마음도 전해야 하기 때문입니다.

이성에만 너무 치우치면
지혜롭지만 사람이 차가워지고
감성 위주로만 산다면
사람은 따뜻하지만 판단은 흐릴 겁니다.

이성과 감성이
적절하게 조화되면
사리분별의 지혜와
따뜻한 사람의 향기를 전하며
균형 잡힌 삶을 살아가게 될 겁니다.

이성은 사람을 냉철하게 하고
감성은 사람을 따뜻하게 한다

❊ 이성적 판단이 필요할 때는? 감성이 필요할 때는?

· ·

· ·

❊ 나의 생각 여행

· ·

· ·

· ·

· ·

· ·

하루의 시작,
아침

하루는 아침의 영향을 많이 받습니다.
설렘으로 맞이하는 아침과
짜증으로 맞이하는 아침은
분명한 차이를 만들어 냅니다.

물론 '좋은 아침이 좋은 하루를 만든다'는
법칙은 존재하지 않습니다.
하지만 분명한 사실은
아침을 좋지 않게 시작하면
하루를 그르칠 확률은 높아진다는 겁니다.

하루의 좋은 결실을 위해
아침을 설렘과 기대로 출발하는 것은
어렵지 않으면서도 효과적인 투자입니다.

아침에 일부러라도 휘파람을 불면
마법처럼 기분이 좋아지고
그 아침의 상쾌한 에너지는
하루의 멋진 결실을 맺게 하는 밑거름이 됩니다.

아침에 휘파람을 불면
저녁에는 춤을 춘다

✽ 아침 기상 직후, 가장 먼저 드는 생각은?

. . . .

. . . .

✽ 나의 생각 여행

. . . .

. . . .

. . . .

. . . .

. . . .

내가 가진 행복

시간을 내어
지금 내가 가진 것들을 한 번 세어 보세요.

내가 가진 귀한 물건들…
내가 겪은 소중한 추억들…
내가 만난 멋진 사람들…
소중하지 않을 수 없습니다.

세어 보자면 하루가 지나가도
다 셀 수 없을 겁니다.
내가 가진 것은 그렇게 많습니다.

지금 내가 가지고 있는 것을 외면하고
없는 것만 찾아다닌다면
지혜롭지 못한 삶이겠지요.

들녘의 클로버처럼 어쩌다, 하나 있는 행운에
온 마음을 빼앗기기보다는
지천에 깔려 있는 행복을 바라보며
누리며 살면, 더 멋진 삶이 될 겁니다.

지혜로운 사람은 결핍 속에서도 풍요를 누리고
어리석은 사람은 풍요 속에서도 결핍으로 목마르다

❋ 돈으로 해결할 수 없는, 내가 가진 행복은?

. . . .

. . . .

❋ 나의 생각 여행

. . . .

. . . .

. . . .

. . . .

. . . .

눈물로
피는 꽃

너였다
내 맘에
푸른 꽃씨 심은 것은

나였다
그 꽃씨
붉은 꽃으로 피운 것은

울었다
꽃씨가
꽃으로 여무는 세월 내내

사랑은
눈물로 피는 꽃이다

✽ 나에게 눈물로 피운 꽃이 있다면?

. . . .

. . . .

✽ 나의 생각 여행

. . . .

. . . .

. . . .

. . . .

. . . .

서운함의
치료제

좋았다가 싫어지고 싫었다가 좋아지는 것은
인연과 만남 속에 흔히 있는 일입니다.
싫었다가 좋아지는 만남이야
기쁨이요 축복이겠지만
좋았다가 싫어지는 만남은
아쉬움과 안타까움이겠지요.

처음에 좋았던 사람이 아주 멀고 먼 나중까지
좋은 인연으로 남길 바라겠지만 흔한 일은 아닙니다.
좋았던 사람에게 서운한 마음이 들 때,
좋았던 사람이 실망스럽거나 싫어질 때
지그시 눈을 감고, 숨 한 번 크게 쉬고
그 사람이 내게 해 준 고마운 일들을 떠올려 보세요.

마음이 푸근해지고 미소가 지어집니다.
서운함, 실망, 미움의 마음이 눈 녹듯 사라집니다.
그러고 나면 고마운 기억으로,
고마운 마음으로 좋음이 다시 회복됩니다.

서운함의 치료제는
고마움이다

✽ 서운한 사람, 그 사람이 내게 주었던 고마움은?

. . . .

. . . .

✽ 나의 생각 여행

. . . .

. . . .

. . . .

. . . .

. . . .

존중과 존경

사람은 존재 자체만으로
존중받을 만한 가치가 있습니다.
식물과 동물에게도 존중이 필요한데
사람은 말할 필요가 없겠지요.

존중은 잘나고 좋은 사람만
누리는 특권이 아닙니다.
못나고 선하지 못한 사람에게도
주어져야 할 가치입니다.

하지만 존경은 다릅니다.
존중받는다고 해서
모두 존경받을 수는 없습니다.
존경은 존경받을 만한
자격이 갖춰진 사람에게만
주어지는 명예요, 특권입니다.

존경의 대상이 소수가 아닌 다수라면
좋은 세상이 되겠고
존경의 대상에 나도 포함되면 참 좋겠습니다.

존중의 가치는 모두에게 있고
존경의 가치는 소수에게만 있다

❊ 나를 존경하는 사람이 있을까? 있다면 누구일까?

. . . .

. . . .

❊ 나의 생각 여행

. . . .

. . . .

. . . .

. . . .

. . . .

부드러움 속의 강함

바람이 불지 않을 때라면
나무는 부러짐이나 쓰러짐을 염려하지 않아도 됩니다.

하지만 바람이 거세게 불면
휨이 없는 나무는 걱정입니다.
부러질 수도, 뿌리가 뽑힐 수도 있습니다.

인간관계에도 유연한 휨이 필요합니다.
바람이 불지 않을 때, 또는 바람이 약하게 불 때는
휘지 않아도 됩니다.

하지만 상대방이 강하게 나올 때
나도 똑같이 강하게 맞서면 둔탁한 충돌이 일어납니다.
서로에게 상처를 남깁니다.
잃는 게 많습니다.

그럴 땐 뼛속의 힘을 빼고 잠시의 휨이 필요합니다.
휨이 가져다주는 대가는
귀한 사람을 얻게 하고, 잃지 않게 하는
관계라는 사람의 선물입니다.

휘어지지 않는 나무는
부러지기 쉽다

❋ 인간관계에서 나의 부드러움은 몇 점이나 될까?

....

....

❋ 나의 생각 여행

....

....

....

....

....

잡초밭에서
피운 꽃

아름답지 않은
꽃은 없겠지만
아름다운 꽃에도
귀함과 흔함은 있습니다.

꽃밭의 꽃은
아름답지만 귀하지는 않습니다.
흔하기 때문입니다.

잡초밭의 꽃은
아주 귀합니다.
드물게 피어 있기 때문에
더 특별해 보입니다.

내가 처한 환경이
잡초밭 같을지라도
그 척박함 속에서 꽃을 피우면
꽃밭에서 피운 꽃보다
훨씬 더 큰 찬사를 받습니다.

꽃밭의 꽃은 아름답지만 흔하고
잡초밭의 꽃은 아름답고도 귀하다

❀ 나는 잡초밭에서 꽃을 피워 본 경험이 있을까?

. . . .

. . . .

❀ 나의 생각 여행

. . . .

. . . .

. . . .

. . . .

. . . .

유전자 교육

태교가 교육의 첫걸음인 것처럼 보이지만
태교보다 선행되어야 하는 것은 유전자 교육입니다.
부모의 유전자는 자녀에게
천성이라는 씨로 자연스럽게 전달됩니다.

엄마·아빠가 되기 전 어리고 젊은 시절,
어떤 생각과 어떤 말 그리고 어떤 행동으로
살았느냐에 따라 좋거나 나쁜 유전자가 결정되고
미래의 자녀는 그 유전자를 물려받습니다.

인성은 엄마의 배 속에서든, 세상 밖에서든
개발하고 가다듬을 수 있습니다.
인성 개발이 쉬운 것은 아니지만
좋은 인성을 위해 열심히 그리고 꾸준히 노력하면
좋은 인성으로 가꿀 수 있습니다.
천성과 달리 인성은 어렵지만 변화시킬 수 있습니다.

미래의 자녀에게 훌륭한 천성의 유전자를 물려주기 위해
엄마·아빠가 되기 전, 어린이·청소년·청년의 시절에
내면을 아름답게 갈고닦아야 합니다.

태교보다 선행되어야 할 것은
부모가 되기 전의 유전자 교육이다

❋ 자녀에게 가장 물려주고 싶은(싶었던) 나의 천성은?

. . . .

. . . .

❋ 나의 생각 여행

. . . .

. . . .

. . . .

. . . .

. . . .

가면 인생

가슴을 노래하는
시인의 입술에서
고약한 언어가 일상이라면
가면 쓴 글쟁이겠지.

깊은 생각을 찾는
철학자의 걸음에서
천박한 발자국이 남겨진다면
가면 쓴 생각쟁이겠지.

우리가 서는
어느 무대에서라도
뭇사람들이 고개를 끄덕이도록
겉과 속이 다르지 않은 삶을 살아가야겠지.

생각과 말과 행동이 다른 사람은
가면 인생을 사는 부끄러운 사람이다

❊ 나는 겉과 속이 같은 사람일까?

. . . .

. . . .

❊ 나의 생각 여행

. . . .

. . . .

. . . .

. . . .

. . . .

화해는
차선책

화해는 좋지만
싸우지 않는 것이
훨씬 더 좋습니다.

깨진 유리는
다시 붙여도 표가 납니다.
다시 사용할 수는 있겠지만
깨진 자국은 남아 있습니다.

싸우고 나서
화해할 것을 고민하는 시간보다
싸우지 않기 위해 궁리하는 시간이
훨씬 많아야 합니다.

평화가 아무리 아름답다 해도
전쟁 뒤의 평화는 상처로 얼룩진 슬픈 평화이다

❀ 싸우고 크게 후회했던 기억은?

. . . .

. . . .

❀ 나의 생각 여행

. . . .

. . . .

. . . .

. . . .

. . . .

좋은 친구

부모의 입장에서 사랑하는 자녀를 위해
'좋은 친구를 사귀면 좋겠네' 하고
바라는 것은 당연한 마음일 겁니다.

그래서 '좋은 친구 사귀어라'라고
자녀들에게 권면합니다.
부모의 권면은
자녀들이 친구를 사귀는 데
크든 작든 영향을 미치겠지요.

여기서 아쉬움이 있습니다.
'좋은 친구 사귀어라' 말씀하시는
부모님은 많지만,
'좋은 친구 되어라' 말씀하시는
부모님은 많지 않은 것 같기 때문입니다.

어느 때인가, 누군가에게
좋은 친구가 되어 주는 것은
그 누군가의 고된 삶 속에서
의지가 되고, 큰 힘이 될 텐데 말입니다.

'좋은 친구 사귀어라'는 말은 이기심에 가깝고
'좋은 친구 되어라'는 말은 이타심에 가깝다

❀ 누군가에게 좋은 친구가 되어 주었던 기억은?

· ·

· ·

❀ 나의 생각 여행

· ·

· ·

· ·

· ·

· ·

그대가
그리워

그대와 둘일 때
좋은 일들 많았지
그대,
가고 나니
안 좋은 것투성이야

그대와 둘일 때
많이 웃었지
그대,
가 버리니
웃어도 슬퍼

그대와 함께일 때
소중함 왜 몰랐을까
그대,
가고 나니
가슴이 너무 아파

지혜로운 사람은 그것이 무엇이든
잃기 전에 소중함을 깨닫는다

❀ 잃기 전인 지금, 소중함이 느껴지는 것들은?

. . . .

. . . .

❀ 나의 생각 여행

. . . .

. . . .

. . . .

. . . .

. . . .

다시
향기로 오라

나는
그대를 꽃으로 보았소
꽃이 품은 것은 향기이기에
난 그대의 말들을 향기로 여겼소

어느
바람 불던 날
그대 마음에서 불어온 찡그린 냄새에
내 여린 심장의 나뭇잎이 덜컹거렸소

잠시의
흔들림이었다 생각하리니
그대 그윽한 향기 다시 찾길 바라오
내 심장의 나뭇잎이 설렘으로 떨리도록

말에만 담은 향기는
유효 기간이 짧다

✽ 나의 말과 마음은 향기로 가득한가?

. . . .

. . . .

✽ 나의 생각 여행

. . . .

. . . .

. . . .

. . . .

. . . .

오늘 같은
내일은 없다

오늘이라는 시간과 하루가
내일도 여전히 내게
다시 올 것이라는 보장이 없습니다.
오늘 내가 마주하는 사람을
내가 내일 또다시
만날 수 있을 거라는 장담도 못합니다.

우리는 모두 내일을 알 수 없습니다.
오늘 당장 갑작스럽게
예기치 않은 무서운 일이
우리에게 일어날 수 있습니다.

지금 이 순간을
늘 새날처럼, 늘 첫날처럼
소중한 설렘으로 살아야 합니다.

지금 내 곁에 있는 사람들에게
마지막이 될 수도 있다는 애절함으로
사랑하며, 품으며 살아야 합니다.

오늘 같은 내일은 없다
오늘 같은 오늘만 있을 뿐이다

❊ 오늘은 있지만, 내일은 없을 수 있는 것들은?

. . . .

. . . .

❊ 나의 생각 여행

. . . .

. . . .

. . . .

. . . .

. . . .

잡초라도
쓰임새를 찾아내면 약초가 되고
바보라도
재능을 찾아 주면 천재가 된다

· 4부 ·

내일도
따뜻한 겨울

흔적

나 태어나
이 세상에 왔다 간들
자손 하나 남기지 못하면
슬픈 일 아니겠는가

나 태어나
이 땅에 머물다 간들
남겨 줄 이름 하나 없다면
부끄러운 일 아니겠는가

한평생을 살다 간들
내 나라 내 민족에
기여할 유산 하나 없다면
참으로 허망한 일 아니겠는가

내가 놓은 징검다리 하나
네가 쌓은 벽돌 한 장
이 작은 흔적들 모여
훌륭한 역사 만드는 것 아니겠는가

사람이 남겨야 할 것은
세상에 기여할 흔적이다

❀ 세상에 남기고 싶은 흔적은?

. . . .

. . . .

❀ 나의 생각 여행

. . . .

. . . .

. . . .

. . . .

. . . .

현재가 보여 주는 미래

지금의 내 모습을 보면,
지금의 내 태도와 행동을 보면
나의 미래를 볼 수 있습니다.

미래의 꿈은
지금의 내 모습과 태도와 행동에
많은 영향을 받기 때문입니다.

꿈은 거창하면서
지금을 살아가는 모습과 태도와 행동은
그 꿈과 전혀 어울리지 않는
사람들이 있습니다.

싹을 보면 열매를 알 수 있듯
지금의 내 모습과 태도와 행동이
미래의 멋진 꿈을 보여 주는
될성부른 싹이 되어야 합니다.

미래의 기회는
언제나 현재에 있다

❈ 미래를 준비하는 나의 현재 점수는 몇 점?

· ·

· ·

❈ 나의 생각 여행

· ·

· ·

· ·

· ·

· ·

기회

그대는 나에게
설렘도 반가움도 없이
스치는 나그네로 다가왔지요.
기척이 없었기에,
슬그머니 다가오셨기에
오신 줄도 몰랐습니다.

그래서였나요.
반가움은 없었습니다.
귀함도 몰랐습니다.
그러다 그대
떠나신다는 그날
하염없는 눈물만 흘렸습니다.

그대 오실 때
품 안에 담아 온 선물들
가실 때에야 보았습니다.
다시 오시는 날에는
또다시 오시는 그날에는
내민 그 손, 놓치지 않겠습니다.

기회는 슬그머니 다가와서
요란하게 달아난다

❀ 기회를 잡았던 기억과 놓쳤던 기억은?

· ·

· ·

❀ 나의 생각 여행

· ·

· ·

· ·

· ·

· ·

나만의 오아시스

오아시스는 사막에만 있는 것이 아니라
삶 속에도 있고, 있어야 합니다.
삶의 오아시스를 열심히 찾아내고,
없다면 만들어 내야 합니다.

사막에서의 오아시스는 스스로 나타나지 않습니다.
목마른 자가 찾아내야 합니다.

삶 속에서의 오아시스도 마찬가지입니다.
삶이 피폐할 때, 삶이 고단할 때,
삶의 갈증을 해결해 줄 오아시스를
스스로 찾고 만들어 내야 합니다.

힘들 때 오아시스를 찾고 만드는 것보다
아직 목마르지 않을 때, 아직 삶의 여유가 있을 때
나만의 오아시스를 준비하는 것이 더 현명합니다.

생각만 해도 좋은 기억과 설레는 비전들을
마음속에 채널로 저장해 두고, 필요할 때마다 꺼내어 보면
채널들은 오아시스의 역할을 톡톡히 하게 됩니다.

좋은 기억과 설레는 비전은
삶의 활력을 주는 오아시스이다

❀ 생각만 해도 기분이 좋아지는 나의 오아시스들은?

. . . .

. . . .

❀ 나의 생각 여행

. . . .

. . . .

. . . .

. . . .

. . . .

공존 共存

칠흑의
어둠으로
빛은 더욱 뽐을 내고

매혹의
장미꽃은
가시를 품고 사니

선악(善惡)의
구별보다는
선(善)의 길을 보여 주고

손가락질의
비난보다는
토닥이며 품으며

선한 사람도 악할 때가 있고
악한 사람도 선할 때가 있다

❋ 내가 싫어하는 사람은 누구? 그가 가진 좋은 점은?

. . . .

. . . .

❋ 나의 생각 여행

. . . .

. . . .

. . . .

. . . .

. . . .

성공의 의미

성공의 평가는 대부분 남들이 합니다.
성공한 것처럼 보이는
당사자가 평가하는 것이 아니라
그것을 바라보는 사람들이 합니다.

이 말대로라면 마치 성공은 나를 위해서가 아닌
남에게 보여 주기 위한 성과물 같습니다.
성공은 나의 느낌이나 판단과는 상관없는
남의 평가에 의해 좌우되고 맙니다.

남의 평가보다 자신의 느낌이 중요합니다.
누군가가 행복해 보인다고 해서
그가 진짜 행복한지는 알기 어렵습니다.
행복이 자기 자신의 느낌에 달려 있듯
성공도 자신의 느낌이 중요합니다.

크든 작든 본인 스스로가
이루어 낸 것들에 대해, 이루어 가는 과정 속에서
성취감과 보람들을 마음껏 느꼈다면
그 사람은 성공한 사람입니다.

성공은 남들에게 보여 주는 멋진 탑들이 아니라
이루어 가는 과정 속에서 느끼는 성취감과 보람들이다

❀ 지금 나는, 무엇을 이루어 가고 있을까?

. . . .

. . . .

❀ 나의 생각 여행

. . . .

. . . .

. . . .

. . . .

. . . .

마음의
문을 여는 설득

설득을 할 때 많은 사람들이
상대의 입장이나 상황을 고려하기보다는
자신의 생각을 준비하고 정리하기에 바쁩니다.
설득의 결정권자가 상대방이라면
당연히 상대방의 입장을 먼저 생각하고
상대방이 좋아할 만한 환경을 만들어야 하는데 말입니다.

설득의 환경은 따뜻함과 진실함입니다.
설득의 말이 흡수되려면
먼저 상대의 마음이 열려야 합니다.
마음의 문을 여는 것은 유창한 말솜씨보다는
따뜻함과 진실함에 달려 있습니다.

상대방의 마음이 안정되면
유창함이 아니어도 설득은 자연스러워집니다.
설득을 하기 전,
'상대방을 향한 내 마음이 따뜻한가?'
'상대방을 진실한 눈으로 바라볼 수 있는가?'
이 두 가지를 먼저 확인해야 합니다.

설득은 말의 유창함보다는
따뜻한 마음과 진실한 눈빛에 달려 있다

❋ 훌륭한 설득자가 되기 위해 내가 갖추어야 할 것은?

. . . .

. . . .

❋ 나의 생각 여행

. . . .

. . . .

. . . .

. . . .

. . . .

해피 바이러스

훌륭한 사람의 이야기는
듣기만 해도 행복해집니다.

아니, 그 사람의 사진만 보아도
그 사람의 이름만 읽어도
입가에 미소가 그려집니다.

그 한 사람으로 인하여
많은 사람들이 행복을 충전합니다.

반면에 한 사람으로 인하여
많은 사람들이 기분을 망치기도 합니다.

뉴스에 나오는 악한 범죄자는
많은 사람들, 아니 모든 국민을
아프고 슬프게 합니다.

나로 인하여 한 사람이라도
미소를 짓고 행복을 충전하도록
날마다 나를 가꾸고 다듬어야 합니다.

한 사람의 선함이 모두를 기쁘게도 하고
한 사람의 악함이 모두를 슬프게도 한다

❋ 나로 인하여 많은 사람들에게 기쁨을 주었던 기억은?

. . . .

. . . .

❋ 나의 생각 여행

. . . .

. . . .

. . . .

. . . .

. . . .

청춘시대

종다리
씨 뿌릴 때
나는 무엇 심었는가.
싹들이
봄 깨울 때
그대 무엇 깨웠는가.
초록 잎
여름 사를 동안 우리 청춘 뭐했나.

꽃들이
열매 될 때
우리 꿈도 익어 가고
가을 잎
단풍 들 때
절정의 삶 수를 놓아
낙엽이
겨울로 질 때 모두 함께 웃어야지.

춘하추동의 길이는 누구에게나 똑같지만
삶의 깊이와 넓이는 사람마다 다르다

❊ 오늘을 위해, 내가 어제 뿌린 씨앗은?

. . . .

. . . .

❊ 나의 생각 여행

. . . .

. . . .

. . . .

. . . .

. . . .

반복된 실수

누구라도 실수는 할 수 있습니다.
대부분 무언가를 처음 시작할 때
실수를 저지르곤 합니다.
하지만 실수가 잦으면
그것은 잘못이 되고
어떤 경우에는 죄가 되기도 합니다.

실수가 잦은 사람이
유능한 경우는 드뭅니다.
실수는 할 수 있지만
같은 실수를 반복해서는 안 됩니다.
반복된 실수를 막기 위해
개선하고 준비하지 않으면
나만의 무능으로 그치는 것이 아니라
다른 사람에게 큰 피해를 줄 수도 있습니다.

실수를 돌아봄으로써
같은 실수를 줄이고 없애다 보면
유능한 사람으로 성장해 가는 겁니다.

실수는 유능한 사람이라도 할 수 있지만
반복되는 실수는 무능이다

❋ 기억에 남는 실수는? 비슷한 실수를 지금도 하나?

. . . .

. . . .

❋ 나의 생각 여행

. . . .

. . . .

. . . .

. . . .

. . . .

그게 바로 나야

병들고
헐벗은 사람들,
약하고 소외된 자들에게
따뜻한 손길, 정성 어린 사랑으로
제대로
섬기지 못하며 사는
못되고 못난 사람…

그게 나야.

남의
허물 잘 보면서
내 부족함은 모르고
키 작은 업적에도
우쭐하여
으스대고 사는
부족하고 어리석은 사람…

그게 바로 나야.

자신의 부족함은 스스로 깨닫기 어렵고
인정하기는 더 어려우며 고치기는 더더욱 어렵다

✻ 고치고 싶은데, 좀처럼 고쳐지지 않는 나의 부족함은?

· ·

· ·

✻ 나의 생각 여행

· ·

· ·

· ·

· ·

· ·

잡초로 남느냐
약초가 되느냐

우리가 흔히 접하는 풀들은 대부분
몸에 좋은 약성을 지니고 있습니다.
하지만 많은 사람들은 그저
잡초로 인식하고 대수롭게 여기지 않습니다.

또 어떤 사람들은 그 풀들 속에서
몸에 좋은 성분들을 발견하고
건강을 위해 유용하게 활용합니다.
풀에서 몸에 귀한 쓰임새를 찾아내지 못한다면
풀은 약초가 아닌 잡초로
평생을 살아가게 됩니다.

사람도 마찬가지입니다.
모든 사람에게는 잠재된 재능이 있습니다.
중요한 것은 쓰임새 있는 재능을
어떻게 찾아내느냐 하는 것입니다.
잠재된 재능을 찾아내게 되면 바보 같던 사람도
천재적인 재능을 발휘하게 됩니다.

잡초라도 쓰임새를 찾아내면 약초가 되고
바보라도 재능을 찾아 주면 천재가 된다

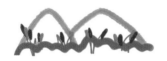

❉ 나는 지금, 약초로 살고 있을까? 잡초로 살고 있을까?

· ·

· ·

❉ 나의 생각 여행

· ·

· ·

· ·

· ·

· ·

정신세계의 오염

과거에는 좋지 않은 것으로 여겨졌던 현상들이
오늘날 자연스럽게 받아들여지기도 합니다.
세상 사람들의 아량이 넓어졌다는 의미일까요?
아니면, 사람들의 정신세계가
오염되어 가고 있다는 증거일까요?

음주를 시작하는 연령이 점점 낮아지고
청소년과 여성의 흡연이 자연스러워지며
언제부터인가 문신이 유행처럼 퍼져 가고 있습니다.
이대로 흘러가다가는
그 무시무시한 마약을 하는 것도
대수롭지 않게 여겨지는 시대가 곧 올 것 같습니다.

정신세계의 오염은
'한 번 더 생각'함으로 예방할 수 있습니다.
나만의 편리와 잠시의 쾌락을 멀리하도록
'한 번 더 생각'하는 정신 정화 과정을 통해
다양한 오염의 위기 속으로 빠져들어 가는
사람과 자연을 구해 낼 수 있습니다!

세상의 오염은
인간의 정신 오염에서 비롯된다

✽ 나의 정신을 오염시키는 나쁜 단어들이 있다면?

. . . .

. . . .

✽ 나의 생각 여행

. . . .

. . . .

. . . .

. . . .

. . . .

관계의 힘

오롯이 자기의 독자적인 힘만으로
성장을 이룬 사람이 있다면
박수와 존경을 받아 마땅합니다.
하지만 더 많은 사람들은
타인과의 관계로 성장합니다.

여기서 말하는 관계의 의미는
금수저 같은 태생적 관계가 아닙니다.
스스로 수고하여 만들어 낸
대인관계의 성과 속에서 창출한
신뢰와 지지를 의미합니다.

어떤 일을 나 혼자만의 힘과 능력으로
헤쳐 나가고 이겨 내기는 어렵지만,
누군가의 신뢰와 지지가 있으면
천군만마와 같은 힘을 얻습니다.

그래서 진실한 사람을 찾고, 얻어
그들과 깊어지도록 애쓰며
소중한 관계가 깨지지 않도록 노력해야 합니다.

자신의 능력만으로 성장하는 사람보다
타인과의 관계로 성장하는 사람이 많다

✳ 나는 대인관계가 원만한 사람일까? 점수를 준다면?

· ·

· ·

✳ 나의 생각 여행

· ·

· ·

· ·

· ·

· ·

리더와 영향력

리더십은 리더가 발휘하는 능력으로 알려져 있습니다.
더 정확히 표현하자면,
리더만이 리더십을 발휘하는 것처럼
많은 사람들에게 인식되고 있습니다.
리더십의 요소에는
통찰력, 비전제시능력, 문제해결능력, 의사소통능력 등
다양한 역량들이 포함되겠지만
그 모든 요소를 한 단어로 묶는다면
'영향력'이라 할 수 있습니다.

영향력은 리더만 발휘하는 것이 아닙니다.
부하직원이 상사에게, 자녀가 부모님에게,
학생이 선생님에게, 후배가 선배에게…
영향력을 발휘하기도 합니다.
리더가 리더십을 발휘하기도 하지만
평소의 삶에서 주변인들에게
좋은 영향력을 끼치는 사람은
장차 멋진 리더가 될 수 있는
잠재력을 키우게 되는 것입니다.

리더십은 리더만의 전유물이 아니며
누구라도 평소에 좋은 영향력을 발휘하면
장차 훌륭한 리더가 될 수 있다

❋ 지금 나는 누구에게, 좋은 영향력을 발휘하고 있을까?

. . . .

. . . .

❋ 나의 생각 여행

. . . .

. . . .

. . . .

. . . .

. . . .

꿈·비전·목표

언젠가부터 사람들은 '속도보다 방향'
이라는 말을 자주 사용하곤 합니다.
방향의 중요성을 강조한 표현일 겁니다.
꿈·비전·목표가 갖는
의미들에는 여러 가지가 있겠지만
그중에서도 정말 중요한 의미는
방향을 잡아 주는 역할입니다.

어떤 일을 진행하는 동안
꿈·비전·목표가 있는 사람과
그렇지 않은 사람과는 차이가 있습니다.
꿈·비전·목표는 우리들의 인생길에서
가야 할 길의 명확한 방향과
그 길 위에서 지금 해야 할 일을
또렷이 제시해 주는 역할을 합니다.

가는 길이 희미할 때, 엉뚱한 길로 갈 때,
길을 잃고 헤맬 때, 길을 가다 유혹에 빠져 있을 때
꿈·비전·목표는 그 길 위에서
빛이 되어 방향을 잡아 줍니다.

꿈은
인생길의 등대이자 나침반이다

❋ 나에게 등대가 되어 줄 오늘의 비전은?

. . . .

. . . .

❋ 나의 생각 여행

. . . .

. . . .

. . . .

. . . .

. . . .

낙화를
준비하며

꽃은 아름다움의 상징입니다.
꽃은 주인공을 의미하기도 하고
절정을 의미하기도 합니다.
여러 면에서 꽃은
좋은 에너지를 주는 단어입니다.

그런 아름다운 꽃도 초라해질 때가 있습니다.
바로, 낙화할 때입니다.
땅바닥에 뒹구는 꽃은
아무리 예쁘게 보려 해도
쓸쓸함과 초라함을 감출 수 없습니다.

지지 않는 꽃은 없습니다.
어떤 꽃이라도 질 때가 있기에
낙화의 뒤안길을 미리 준비하는 것이 좋습니다.
생명도, 권력도, 지위도 영원한 것은 없습니다.
현명한 사람은 꽃으로 피었을 때
날아든 벌과 나비들에게 사랑을 전함으로
낙화를 준비합니다.

꽃이 아름다울수록
낙화의 슬픔도 크다

❈ 나는 사람들에게 어떤 사랑을 베풀며 살고 있을까?

. . . .

. . . .

❈ 나의 생각 여행

. . . .

. . . .

. . . .

. . . .

. . . .

진실함의 정체

진실함은
티 하나 없는 백지입니다.

진실함은 있는 그대로의 모습입니다.
'노력으로 거짓 없음의 상태가 되는 것'이 아니라
'거짓이 생각조차 나지 않음'입니다.

한 번의 거짓은 두 번의 거짓을 낳고
다음의 거짓은 이전의 거짓보다 쉬워집니다.
거짓이 습관화되면 거짓이 정당화되고
진실함은 점점 자취를 감춥니다.
진실함은 거짓으로 제압당하고
거짓은 날개를 폅니다.

거짓은 영원할 것 같지만 오래가지 못합니다.
거짓은 진실을 숨길 수도 없고
진실을 지울 수도 없습니다.

진실함은
티 하나 없는 백지입니다.

진실함은
거짓 없도록 노력하는 것이 아니라
거짓이 전혀 생각나지 않는 것이다

❋ 진실함으로 뿌듯했던 기억은?

. . . .

. . . .

❋ 나의 생각 여행

. . . .

. . . .

. . . .

. . . .

. . . .

지고도 이기는 기술

사람의 심리는
지는 것보다 이기는 것을 좋아합니다.
그래서 언제, 어디서든
이기려는 심리가 작동하는 것 같습니다.
승부를 가려야 하는 스포츠의 경우에서는
그 심리가 더욱 강하게 작동합니다.
하지만 어떤 경기는 승부에서는 이기고
내용에서는 지는 경우가 있습니다.
이럴 때는 박수보다 비난이 쏟아집니다.

사람과의 관계에서도
승부욕이 화를 부르는 경우가 있습니다.
친구와의 일상에서, 상대와의 만남에서,
부부간의 대화에서, 고객과의 거래에서…
앞에서 상대방을 승자로 만들어 주면
결국 원원으로 돌아올 때가 많습니다.

마주한 자리에서
상대를 승자로 만들어 주면
모두가 이기는 결과로 돌아올 때가 많습니다.

져 주는 것은
서로를 승자로 만드는 지고도 이기는 기술이다

❀ 누군가에게 져 줌으로써 흐뭇했던 기억은?

· ·

· ·

❀ 나의 생각 여행

· ·

· ·

· ·

· ·

· ·

유머의 마술

유머는 맛있는 양념입니다.
유머는 대화를 맛있게 합니다.

전달하는 말 속에 유머가 포함되면
딱딱한 주제라도 부드러워지고
죽어 있던 분위기도 살아납니다.
마음의 문을 닫은 사람에게
유머를 적절히 사용하여 대화하면
살며시 마음의 문을 엽니다.

강연 중에 유머를 사용하면
강연의 내용에 힘이 생기고
졸거나 자고 있는 청중들에는
즐거운 각성의 효과를 줍니다.
유머는 슬픈 사람, 아픈 사람의 통증을
순간적으로 치유하는 효과도 있습니다.

유머는 누구라도
노력으로 개발할 수 있는 초능력입니다.

유머는 재미있는 말로
의미 있는 내용을 전하는 기술이다

❈ 나는, 유머 감각을 갖추기 위해 노력하고 있을까?

. . . .

. . . .

❈ 나의 생각 여행

. . . .

. . . .

. . . .

. . . .

진정한 이타

남을 위하는 마음은
상대방의 마음을 흐뭇하게 하고
세상마저 따뜻하게 합니다.
나를 희생하며 베푸는 이타의 마음은
칭찬과 존경을 받기에 마땅한 아름다움입니다.

이런 이타(利他)의 마음에
이기(利己)의 속셈이 숨어 있으면 아쉬움입니다.
그건 아름다움을 위장한 추함입니다.

이타의 행위로 인하여
베푼 자에게도 이익이 생길 수는 있습니다.
그건 베푼 덕(德)이라 할 수 있기에
좋은 일입니다.

하지만 처음부터 돌아올 이익을
염두에 둔 이타라면
이미 시작부터 오염된 아름다움입니다.
진정한 이타는
맘속에 이기가 없어야 합니다.

이기利己를 염두에 둔 이타利他는
시작부터 오염된 아름다움이다

❋ 나를 희생하며, 순수하게 남을 도왔던 기억은?

. . . .

. . . .

❋ 나의 생각 여행

. . . .

. . . .

. . . .

. . . .

. . . .

도전 지향적인 사람

안정 지향적인 사람이 있고
도전 지향적인 사람이 있습니다.
사람의 성향이니 옳고 그름은 없습니다.
사회는 안정과 도전을 모두 필요로 합니다.
안정이 없는 도전은 무모하고
도전이 없는 안정은 무기력합니다.

하지만 아쉬움이 있다면
안정 지향적인 사람이 훨씬 많다는 점입니다.
무엇이든 균형이 깨지면 문제가 발생합니다.
어린이들의 꿈조차 공무원, 교사와 같은
안정적인 직업에 몰린다는 것은
사회의 구조와 인식에 문제가 있음을 보여 줍니다.

현재를 발전시키고 미래를 개척하는 힘은
창의적인 도전정신에서 기인합니다.
도전정신의 유전자를
젊은이들이 마음껏 발휘할 수 있도록
환경과 분위기를 조성하는 데
우리에게 맡겨진 역할에 최선을 다해야 합니다.

도전정신은
젊은이의 심장이다

❊ 나는 지금, 무슨 도전을 하고 있나?

. . . .
. . . .

❊ 나의 생각 여행

. . . .
. . . .
. . . .
. . . .
. . . .

경청

누군가가 화려한 말재주를 가졌다 할지라도
상대방의 말에 귀 기울이지 않는다면
그 말의 영향력은 희미합니다.
의사소통은 일방적으로 던지는 말이 아닌
말하는 사람과 듣는 사람이 주고받는
마음의 상호 교류이기 때문에
말하기만큼 듣는 능력도 중요합니다.

경청의 태도에는
상대방을 존중하고 배려하는 마음이 담겨 있기에
상대방의 호감을 끌어
대인관계 능력도 향상시킵니다.

또한 경청을 함으로써
상대방이 직간접적으로 경험한 것들을
습득할 수 있는 기회가 되기 때문에
유용한 정보와 지혜도 공짜로 얻게 됩니다.
반면에 경청하지 않고 혼자서 말을 독점하면
상대방의 정보와 지혜를 얻을
좋은 기회도 잃어버립니다.

경청은
존중과 배려로 사람의 마음을 얻고
덤으로 정보와 지혜도 얻는다

❊ 경청을 잘하는 사람은? 경청으로 도움이 되었던 기억은?

. . . .

. . . .

❊ 나의 생각 여행

. . . .

. . . .

. . . .

. . . .

. . . .

사랑,
참 좋다

눈 녹은 땅 파릇한 새싹에
자꾸만 미소가 피어나면
사랑의 꽃씨가 뿌려진 거야.

천둥과 번개의 요란한 소나기가
모차르트 교향곡으로 들리면
사랑의 싹이 자라나고 있는 거지.

황금 들녘 갈바람에
마음이 자꾸만 춤을 추면
사랑의 꽃봉오리가 익어 가고 있는 거야.

송이송이 함박눈이
천사가 내려 준 꽃송이로 느껴지면
너의 사랑꽃이 활짝 피어나고 있는 거지.

봄·여름·가을·겨울이 모두 좋다면
그건 아마도 사랑이다

✽ 지금 내가, 가장 사랑하고 있는 것은?

. . . .

. . . .

✽ 나의 생각 여행

. . . .

. . . .

. . . .

. . . .

. . . .

결실의 최종 관문, 인내

결실의 최종 관문은 인내입니다.
인내 없는 결실은 없습니다.
자연에서도, 인간 세계에서도
인내라는 과정을 거치지 않고
얻어지는 꽃과 열매는 없습니다.

결실을 얻기 위해 기쳐야 히는
인내의 과정은 아쉽게도 멀고도 길며 고독합니다.
인내가 쉽다면 누구라도 이루어 낼 것입니다.
인내가 고통스럽기에
결실의 감동이 더 가슴 벅찬 것입니다.

꽃을 피우고 열매를 얻고 싶다면,
반드시 인내로 이겨 내야 합니다.
꿈을 위해서, 행복을 위해서,
지금보다 더 나은 삶을 위해서
우리는 인내해야만 합니다.

기쁜 내일을 위해, 밝은 미래를 위해
오늘, 이 순간에도 인내해야 합니다.

인내는 빛나는 성취의 탑에 오르는
길고도 고독한 계단이다

✽ 지금 나는 무엇을 인내하고 있는가?

. . . .

. . . .

✽ 나의 생각 여행

. . . .

. . . .

. . . .

. . . .

5년.

집필하는 동안의
길고도 깊은 생각 여행은
과거와 현재를 돌아보고
희망의 미래를 설계하게 하는
설렘의 숲으로 나를 초대했다.

내가
생각 여행을 통해 경험했던
성장과 성숙 그리고 행복의 여정에
많은 이들이 동행하길 소망해 본다.